स्पंदन

भावपूर्ण प्रसून वीथिका

अरुणा नारायण

BookLeaf Publishing
India | USA | UK

Made with ❤ on the BookLeaf Publishing Platform
www.bookleafpub.in
www.bookleafpub.com

Dedication

समर्पण

मैं यह पुस्तक अपने पूज्य पितामह स्वर्गीय श्री लाल बहादुर श्रीवास्तव को समर्पित करती हूँ, जिनकी प्रेरणा से मेरा रूझान बहुत कम उम्र से हिन्दी साहित्य की ओर बढ़ा। मुझे याद है कि जब मैंने ९ वर्ष की आयु में बगिया के फूलों पर एक कविता लिखकर सुनाई तो वे कितने भावुक हो गए थे और कितने खुश।

यह पुस्तक मैं अपने स्वर्गीय पिता श्री गिरिजा दयालु श्रीवास्तव एवं स्वर्गीय माँ श्रीमती शशिप्रभा श्रीवास्तव को भी समर्पित करती हूँ जिन्होंने हर कदम पर मेरा उत्साहवर्धन किया। हर मुश्किल समय पर वे मेरे साथ खड़े रहे।

Preface

भूमिका

एक लम्बे अरसे से लिख रही हूँ । पहली कविता लगभग ९ वर्ष की आयु मे लिखी, अपने घर की बगिया में खिले फूलों को देखकर। फिर कभी प्रकृति पर, किसी घटना पर या किसी भावुकता पर यदा कदा लिखती रही। साहित्य की ओर रुझान बचपन से ही रहा। पढ़ने लिखने में तेज थी और पहली ही कोशिश में मेडिकल प्रवेश परीक्षा में सफलता हासिल कर ली। एम. बी. बी. एस. और फिर बाल-रोग में एम. डी. करने के दौरान लिखना कभी-कभी ही हो पाया। परन्तु इस दौरान मेरी सहपाठी सखियाँ लगातार कुछ न कुछ लिखने और सुनाने का आग्रह करती रहीं और मेरी लेखनी कभी-कभी ही, पर चलती रही।

बाद में, दुनियादारी एवं मरीज़ों के साथ बहुत से क्षण आए जब ग़रीबी, दुःख- दर्द, वेदना और भावुकता के अवसर मिले और कविता स्वयं प्रस्फुटित होने लगी। सामाजिक स्तर पर भी जनसंख्या विस्फोट, पारिवारिक विघटन तथा सामयिक घटनाओं ने चेतना को झकझोरा परन्तु मन में एक सकारात्मकता सदैव बनी रही, जो मेरी कविताओं में भी परिलक्षित होती है ।

अभी तक सदा स्वान्तः सुखाय ही लिखती रही हूँ, यद्यपि परिवारजनों व इष्ट मित्रों ने सदैव ही एक संकलन प्रकाशित करने के लिए उत्साहित किया है। बुकलीफ पब्लिकेशन की इस अनूठी पहल के अंतर्गत पहली बार सम्भवतः यह पुस्तक प्रकाशित हो सकेगी। इस अच्छी पहल हेतु उन्हें बहुत साधुवाद एवं धन्यवाद।

Acknowledgements

आभार

मैं हृदय से उस परमात्मा की आभारी हूँ जिन्होंने हर कदम पर मुझे अपना आशीर्वाद प्रदान किया है ।

मैं आभारी हूँ, अपने पति डाक्टर वी. एस. नारायण की जो एक हृदय रोग विशेषज्ञ होने के साथ एक भावुक कवि भी हैं और मेरे सबसे अच्छे आलोचक भी। उनके साथ मुझे लगातार लिखते रहने का प्रोत्साहन मिलता है।

अन्त में मैं आभारी हूँ अपने बच्चों, पूरे परिवार और मित्रों की जिनके इर्द गिर्द मुझे लिखने की प्रेरणा मिलती है और लिखते रहने का सतत उत्साह वर्धन।

1. बेटियाँ

ख़रगोश सा नर्म अहसास होती हैं बेटियाँ,
दिल के सबसे पास, होती हैं बेटियाँ,
सुरमई स्वप्नों की आस , होती हैं बेटियाँ,
जीवन में सबसे ख़ास, होती हैं बेटियाँ ।

नज़रों को देख कर जो, समझ जाएँ दिल की बात,
माँ-पा को ख़ुश देख कर, खिल जाए जिनका गात,
मुरझाया हुआ हो चेहरा , तो हो उठतीं परेशान,
आँखों में आँसू देख कर, रो पड़ती हैं बेटियाँ,
जीवन में सबसे ख़ास होती हैं बेटियाँ ।

घर गमक उठता है, जिनकी ज़िन्दादिली से,
हर कोना महक उठता है, जिनकी मीठी हँसी से,
घर को संवारें और , माँ पापा को भी जो,
दूर होने पर शिद्दत से याद, आती हैं बेटियाँ
जीवन में सबसे ख़ास होती हैं बेटियाँ ।

ग़र आप हों बीमार तो, दौड़ी चली आएँ,
आपकी सेवा में एक , दिन - रात कर जाएँ ,
हर आह पर माँ बाप की , जो आँसू गिराएं,
बेटों से भी बढ़कर, सहारा , होती हैं बेटियाँ,
जीवन में सबसे ख़ास होती हैं बेटियाँ ।

जो बेटियों के साथ, कर रहे हो महा भूल,
गर्त में हो जाएँगी, कुछ पीढ़ियाँ समूल,
चेत जाओ, अब भी संभलो , पछता भी न पाओगे,
ढूँढोगे चारों ओर, ना पाओगे बेटियाँ,
ईश्वर की देन, कुदरत की सौग़ात बेटियाँ,
जीवन में सबसे ख़ास होती हैं बेटियाँ ।

2. प्रलय

कहा गया है ज्ञान से,
सहमति है विज्ञान से,
सभी चार युग पूरे होंगे,
सृष्टि तभी अन्तिम होगी,
जीवन की समाप्ति होगी,
क्या यह सृष्टि का विलय है??
क्या यह सचमुच प्रलय है???
हर ओर कोलाहल छाया है,
हर कर्म हलाहल लाया है,
जीवन पर डर का साया है,
किसने यह कार्य कराया है,
स्तब्ध सभी जन मानस हैं,
निःशब्द प्रकृति की माया है,
हर दिल में निस्पंद निलय है
क्या यह सचमुच प्रलय है???
हर देश जलन से पीड़ित है,
हर ह्रदय आज उद्वेलित है,
दूजे को सबक सिखाना है,
बस खुद को बड़ा दिखाना है,
वाणी में कोई प्यार नहीं,

कर्मों में है सदाचार नहीं,
हर बोल यहाँ अब विषमय है,
क्या यह सचमुच प्रलय है???
जीवन का कोई मोल नहीं,
सबसे सस्ता मनु जीवन है,
आत्मिक सुख का कोई तोल नहीं,
भौतिक सुख ही अब सब कुछ है,
अपराध, कपट, छल जायज़ है,
सत्कर्म हुआ ना जायज़ है,
हर राह हुई कंटकमय है,
क्या यह सचमुच प्रलय है??
हम अब भी थोड़ा चेत जाएँ,
द्वेषभाव पर विजय पाएँ,
दूजों के प्रति प्रेम-स्नेह लाएँ,
सन्मार्ग पर हर कदम बढ़ाएं,
वसुधैव कुटुम्बकम का भाव लाएँ ,
आत्मिक बोध को समझ पायें,
तब ही जीवन मंगलमय है,
वरना, निश्चय ही प्रलय है,
जीवन का शिव में विलय है,
सचमुच में अब यह प्रलय है ।
सचमुच में सम्मुख प्रलय है ।
विश्व में चहुँओर हो रही घटनाओं से आहत,
दुखी, उदास और निराश मन के साथ

3. कान्हा कौन ठौर तुम नाहीं

कान्हा कौन ठौर तुम नाहीं।
तुम ही राधा , श्याम तुम्हीं हो,
सीता भी तुम, राम तुम्हीं हो,
तुम ही शंकर डमरू वाले,

पार्वती के भाव तुम्हीं हो ,
त्रैलोक्य में तुम्हीं विराजत,
तुम तज भजूँ और अब नाहीं,
कान्हा कौन ठौर तुम नाहीं ।

माँ कौशल्या सुध-बुध खोएँ,
अर्जुन पाँव पकड़कर रोएँ,
दिव्य रूप में जब तुम आए,
जब गीता के ज्ञान सुनाए,

महादेव के तांडव में तुम,
जब देवों के प्राण उबारे ,
अब जाऊँ और कित पाहीं,
कान्हा कौन ठौर तुम नाहीं।
आओ देखो पाप बढ़ रहे,

मानवता के रूप ढल रहे,
कदाचार हर ओर पल रहे ,
सदाचार के पाँव जल रहे,
आओ करो उद्धार धरा का,

संहारो हर पाप धरा का ,
मुक्त करो कुत्सित कृत्यों से,
अब इत रहा जात है नाहीं,
कान्हा कौन ठौर तुम नाहीं ।

4. यह क्यों कर हो जाता है???

यह क्यों कर हो जाता है?
यह मायावी दुनिया है, हम-तुम में उलझा देती है,
यह तेरा है, यह मेरा है, यह सोना है, यह रेती है!
यह भाई नहीं, तू माई नहीं, यह दोस्त नहीं, तू प्यार नहीं ,
यह भँवर जाल है सागर का, हर लहर सदा यह देती है ।
यह मायावी दुनिया है, हम - तुम में उलझा देती है ।
जो बड़े प्यार से गले लगाकर, हर दुख में सुख दे जाए,
जो कर सारे ग़म इकतरफ़ा, बस ख़ुशियाँ सम्मुख रख जाए,
उससे ही लगता अपनापन, जिससे मिलता है प्यार यहाँ,
वरना तो रिश्ता खून का भी,बस कभी-कभी निभ पाता है,
यह क्यों कर हो जाता है?

हर इन्सां, दूजे का दुश्मन, ना भी दुश्मन तो दोस्त नहीं,
जब तक काम है तुमसे तुम हो, वरना फिर कोई और सही,
नहीं तरक़्क़ी से कोई ख़ुश, ना कोई ख़ुश ख़ुशियों में,
हमने देखा ज़्यादातर यह, मगन सभी कनफुसियों मे,
कोई बिरला ही होता है, जो मन को छू जाता है,
बड़े पास अपने लगता है और यह दिल भर आता है,
जब ऐसा होता है समझो , बड़े भाग अपने उसके,
वह सचमुच अपना हो ऐसा , बहुत कभी हो पाता है ।

यह क्यों कर हो जाता है?

कब कहाँ किसी से कभी कभी, यूँ एक नाता जुड़ जाता है,
जिस रिश्ते का कोई नाम नहीं, वह मन का रिश्ता होता है,
जिस दिल से दिल को राह मिले, वह प्यार का रिश्ता होता है,
साथी के सुख में सुखी रहे और दुख में उसके रोता है,
यूँ तो ये नाते हैं मन के , पर बेहद नाज़ुक होते हैं,
रेशम डोरी के धागों से , ये ताने बाने होते हैं,
इनको सुलझा कर ही रखना, इनको उलझाने मत देना,
वरना खुल जाने पर भी हर , डोरी में सल रह जाता है,
यह क्यों कर हो जाता है??
यह क्यों कर हो जाता है??

5. सशक्त नारी

तुम धरा सी धीर हो, तुम एकलव्य का तीर हो ,
तुम द्रौपदी का चीर हो, तुम सच्ची कर्मवीर हो।

तुम हो, तो, मकाँ घर है, तुम हो, तो परिवार निडर है
तुम हो, तो गति ,जीवन में राहों में, सुहाना सफ़र है।

तुम ही हो, हंसी जीवन में, तुम व्यस्त सदा ही सृजन में,
तुम फूल हो इस उपवन में, तुम चाँद हो, नील गगन में ।

तुम हर मुश्किल में साथ रहीं, तुम जीवन पथ पर साथ बहीं,
तुम नारी हो, सामान्य नहीं, बढ़ती जाना, रूकना ना कहीं।

तुम प्यार की अधिकारी हो, तुम गरिमामय हो, नारी हो,
सम्मान पर अधिकार तुम्हें, तुम पर यह दुनिया वारी हो,
तुम ख़ुशियों की फुलवारी हो, तुम गरिमामय हो, नारी हो ।।।

6. नया साल, नया सवेरा

नया साल है, नया सवेरा,
ओस कणों से झिलमिल पाती,
बिखरा हुआ है मधु - रस देखो,
यही प्रकृति की अनुपम थाती।
एक निराशा, अवसादी मन,
जो कोहरे सा मन पर छाए,
नववर्ष, आदित्य किरण सम,
इस तम को अब दूर भगाए।
नव आशाएँ, नई दिशाएँ,
जीवन में चहुँओर बिखेरे,
सुप्त पड़ी थी रेत में दबकर,
उस आकृति को आज उकेरे।
प्यार संजोता जीवन बीते,
कभी न होए झोली ख़ाली,
मधुर सरस जीवन-रस छलके,
छककर पी लें , प्रेम की प्याली।
ईश्वर से है यही प्रार्थना,
स्वस्थ सुखी संसार रहे,
नया साल मंगलमय हो सबको,
परहित कर्म अपार रहे।

7. अल्हड बचपन

बेफिक्री का, फ़ुल मस्ती का बचपन बहुत याद आता है,
हमने कितने मज़े किए हैं, वह मस्त ज़माना याद आता है।
भाई बहनों के संग खेले, बचपन के वो रेले मेले,
हरदम संगी साथ रहे, कभी नहीं हम रहे अकेले,
इक्कल दुक्कल, गुट्टे, गुड़िया, कैथा-कमरख के वो ठेले,
खो-खो, रस्सी कूद, सतोलिया और सावन के वो झूले,
कितने हम बेफिक्र रहे, वह प्यार का मौसम याद आता है,
बेफिक्री का, फ़ुल मस्ती का, बचपन बहुत याद आता है।

विद्यालय में सब सहपाठी, हिल मिल करके हम रहते थे,
पढ़ने लिखने में थे अव्वल, पर शैतानी भी करते थे,
गुप-चुप, गुप-चुप, बातें करते, बेबाक़ी से हम हंसते थे,
टीचर की तेज़ निगाहें थीं पर, बहुत कभी ही हम फँसते थे,
एनुअल फ़ंक्शन में अपना ,मुख्य किरदार याद आता है,
बेफिक्री का, फ़ुल मस्ती का, बचपन बहुत याद आता है।

थोड़ा और बड़ा होने पर, खेल -कूद के रंग बदल गए,
बैडमिंटन, टेनिस, शतरंज के साथ अपने संग बदल गए,
पढ़ना-लिखना मुख्य हो गया, पोशाकों के ढंग बदल गए,

गाम्भीर्य आ गया चाल में, अंग और प्रत्यंग बदल गए,
चंचलता को भूल, कैसे भविष्य संवारा ,ध्यान आता है,
बेफिक्री का, फ़ुल मस्ती का बचपन बहुत याद आता है।

सोचा करते थे कि जल्दी बड़े होएँगे, मज़ा करेंगे,
पढ़ना लिखना छोड़ मज़े से, आफिस में हम रहा करेंगे,
छोटों को टोकेंगे हरदम, नहीं किसी से डरा करेंगे,
मूवी, थिएटर, मैच, मैगज़ीन के मज़े हम लिया करेंगे,
कितने थे अल्हड़ और नादां, तब हम ,यही ख़याल आता है,
बेफिक्री का, फ़ुल मस्ती का, बचपन बहुत याद आता है ।

अब तो हम वरिष्ठ नागरिक, की श्रेणी में आते हैं,
धीरे-धीरे बुजुर्गियत की ओर , बढ़ते जाते हैं,
फिर भी मन में बचपन की वे यादें ताज़ा रखते हैं,
जिनको सोच अभी भी हम , दिल से खुश हो जाते हैं ,
सपनीली सोचों का मधुरिम , लड़कपन खूब याद आता है ,
बेफिक्री का, फ़ुल मस्ती का, बचपन बहुत याद आता है ।

8. निःशब्द

देर तक यूँ ही, सन्नाटे की सदा सुना किए,
नेपथ्य में होने वाली , हलचल गुना किये,
कोलाहल से रहकर दूर, कुछ सपने बुना किये,
यादों की भीड़ में से, कुछ चेहरे चुना किये ।

दूर तक फैले हैं ये, पेड़ों के जंगलात,
बीच में उगते हुए, खर-पतवार भी हैं साथ,
छन छन के आ रही थी, सूरज की रौशनी,
गुनगुनी सी धूप का ,लुत्फ़ लिया किये।

क्या शान्ति है, सुकून है, नजारा हसीन है
एकांत के ये पल , यह सुख नवीन है,
दूर तक निगाहों में, हरित कालीन है,
घूँट घूँट करके हैं यह ,अमृत पिया किए ।

कंक्रीट के जंगल उगाना,शौक है इन्सान का,
हरियाली को काट कर , सीमेंट के बागान का,
जब तलक यह मूक कुदरत की छटा मौजूद है,
दिल में उतार लें इसे, आँखों को बन्द किए ।

शान्ति खोकर, भीड़ और शोरगुल की होड़ ,
कैसे भी हो, ज़्यादा धन कमाने की दौड़ ,
इस शान्ति वन की शांति खो जाने का डर हमें,
मन में इस गणित का ,गुणा भाग किया किये।
देर तक यूँ ही सन्नाटे की सदा सुना किए ।

9. दीप

चलो आज दीपक जलाएँ दिलों में,
जो मन के तमस को उजाले से भर दे,
न रह जाए कोई, अंधेरा सा कोना,
हर एक जन को , उछाहों का वर दे।

उदासी की परतों को, दूर भगा दे
निराशा का नामो-निशाँ तक मिटा दे,
मलिनता को धो पोंछ ,करके बहा दे,
नयनों में आशा का दीपक जला दे।

ग़रीबों की थाली, निवालों से भर दे,
दुखियों के दुख-दर्द को दूर कर दे,
पीड़ित की असहनीय पीड़ा को हर दे,
उत्सुक किशोरों के स्वप्नों को पर दे।

चलो आज दीपक जलाएँ वचन का
कि परहित में ,अपना भी, कुछ तो लगाएँ,
जहाँ , जब, कभी भी, हो कोई भी अवसर,
उसे थाम लें, प्यार दें, ना गँवाए।

इसी में मिलेंगी भरपूर ख़ुशियाँ,
चलो आज से हम, इसे आज़माएँ।
उठो प्यार का एक, दीपक जलाएँ,
चलो आस का एक नवगीत गाएँ ।।

10. कोरोना का कहर

सन् २०२० जलवे, बहुत से दिखा गया,
लेकिन सच पूछो तो, हमें बहुत कुछ सिखा गया,
जीवन अनमोल कितना यह, समझा गया,
विश्व के इतिहास में, नाम लिखा गया।
यह साल आया था, बड़े एहतिराम से,
पर जा रहा है एक बड़े, कोहराम से,
हम सबने महसूसा, इसे बड़े खार से,
याद ना कर पाएँगे, इसे कभी प्यार से।

पर सोचो तो क्या हमने, पहले कभी जाना था,
रिश्तों का मोल इतना, कभी पहचाना था,
कम में रहकर भी ख़ुशियों को जाना था,
दुखियों का दुख- दर्द, इतना पहचाना था ??
क्या कभी सोचा था , यह तो कुछ ज़्यादा है,
ज़रूरत हमारी तो, इसकी भी, आधा है,
दान और पुण्य में, कहाँ कोई, बाधा है,
जीवन का अंत तो , प्रियजनों का कांधा है।

योगा को समझा है, काढ़े पर हुआ विश्वास है
ईश्वर की आराधना में, जीवन की आस है
प्रकृति से जुड़ने में, प्रेम का आभास है,
दुनिया रंगीन तभी, जब तक यह श्वास है।

सावधानी बरतने में, अपनी भलाई है,
नियमों के पालन की, आदत डलाई है,
काम ख़ुद करने की प्रैक्टिस कराई है,
अच्छे स्वास्थ्य की नींव, साफ़-सफ़ाई है।
बहुत कुछ सिखाया, अब भी सिखा रहा है,
नई उम्मीदें लिए, नया साल आ रहा है,
ईश्वर पर विश्वास करें, इन्सान बनकर रहें,
बतला कर अब हमें , यह साल जा रहा है ।

11. मनमौजी मन

मन की बातें मन ही जाने, कौन करे आग़ाज़,
जो कुछ छिपा हुआ है मन में, कौन चढ़े परवाज़।
कह दूँ या मैं मौन रहूँ, यह समझ न आए मुझको,
कितना कह दूँ कितना रोकूँ, कितना टोकूँ खुद को,
मन तो मन है, यह ना माने, करे सदा मनमानी,
मनमौजी बन रहे थिरकता, यह इसकी नादानी।

जीवन के झंझावातों से, झट ये घबरा जाए,
उथल-पुथल की इस दुनिया में, कोई ठौर न पाए,
आकुल व्याकुल हो जाए यह, ज़रा भी चैन ना आए,
अगर कहीं से कोई कंकरी, इसको लग भर जाए ।

मुश्किल है इसको समझाना, कवच करो मज़बूत,
ज़रा बात पर ना घबराए, हो पक्का ताबूत,
मन ही मन में हो संतुष्टि, अधिक ना चाहे कुछ भी,
अगर यही धन पा जाओ तो, है संपत्ति अकूत ।

मन ही मन में गुनती रहती, करती हूँ नादानी,
नहीं भली लगती है मुझको, इसकी कारस्तानी,
जिस राह ले चले ये मनुआ, वही राह पहचानी ,
उसी राह पर मिलेंगी ख़ुशियाँ, बाक़ी सब अनजानी।

चलो चलें हम साथ साथ, हर राह सुगम हो जाएगी ,
नया सवेरा आएगा और सूर्य रश्मि खिल जाएगी,
बगिया में भौंरे झूमेंगे, नव कलिका मुस्काएगी,
मनुआ भी ख़ुश हो जाएगा, राह भी हरषाएगी ।

12. बात आँखों से

दिल की बात आँखों से साफ़ हो गई
मौन पसरा रहा और बात हो गई,
हमने कुछ ना कहा, तुमने सब कुछ सुना,
शाम ढलती गई और रात हो गई।

कभी-कभी सन्नाटा भी शोर करता है,
यह तो बड़ी मुश्किल सी बात हो गई,
रात के अँधेरे में चमकते हैं जुगनू,
ज्यूँ चाँद और चाँदनी की बारात हो गई।

बारिश के पानी में बह गए आँसू,
यह तो अच्छा हुआ जल्दी ही साँझ हो गई,
कमज़ोरी मन की ज़ाहिर न हो सकी,
यह तो आरज़ुए जज़्बात हो गई ।

हम चले तो थे तनहा, लोग जुड़ते गए,
कारवां की हमारे शुरुआत हो गई,
इरादा हमारा हरदम पाक ही रहा,
इसीलिए हर गलती माफ हो गई ।

13. माएँ मरती नहीं कभी

माएँ मरती नहीं कभी, वो जीवित रहती हैं, अपनी सन्तानों में,
कभी बेटे के चेहरे में, कभी अपनी बेटी की मुस्कानों में,
माएँ मरती नहीं कभी।
कभी जब बेटा परेशान हो उठता है,
किसी एक बात को लेकर,
तो सहला देती हैं माथा पत्नी के रूप में,
कभी जब राह में छा जाता है अंधेरा,
या मन हो घबराता,
तो दिखलाती हैं राह वो, प्रातः की धूप में,
वो हर पल हैं उसके साथ
आभास देती रहती हैं,
माएँ मरती नहीं कभी।

माएँ जीवित रहती हैं, बेटियों में
जब वे करती हैं ख़्याल अपनों का,
उनके क्रिया कलाप में, उनकी चाल-ढाल में,
और हर पल रहती हैं, उनके मन में, विचारों में,
शान्त हो जाती हैं जब, उत्तेजना के बाद,
जब मन ही मन हंसती हैं, सब देखकर आबाद,

थोड़ा थोड़ा जीती हैं, अपने बच्चों में सभी
माएँ मरती नहीं कभी।

माँ दिखती हैं कभी, बड़ी जीजी की सीख में,
कभी झलकती हैं, बड़े भाई की सँभाल में,
कभी-कभी हँसती है बहन, तो माँ सी लगती है
और कभी भाई के सयानेपन में माँ दिखती है,
बच्चों के संस्कारों में सदा जीवित
वो रहती हैं, साथ वो देती हैं,
कहती हैं हर पल मैं हूँ यहीं,
माएँ मरती नहीं कभी।

रहती हैं सदा साथ,
कभी पूजा में, कभी चौबारे में,
कभी आँगन में, ओसारे में,
कभी कहानियों में जो वह कहती थीं,
कभी बच्चों का दर्द, जो वे सहती थीं,
कभी पकवानों में, जो उनकी ख़ासियत थे,
कभी कर्मों में, जो उनकी इन्सानियत थे,
जिन्हें हमने अनजाने ही, पूरा अपना लिया,
और इस तरह माँ को, ख़ुद में पा लिया,
अब माँ हम सबमें हैं, गईं नहीं कहीं,
माएँ मरती नहीं कभी, माएँ जाती नहीं कहीं।

14. फागुन का खुमार

फागुन में मुस्काए मनवा, मन ही मन हरषाए मनवा
उमग उमग इतराए मनवा, यूँ कितना लहराए मनवा ।

पहली पाती लेकर आया, वासन्तिक रितुराज यहाँ जब,
बेरौनक़ हो गया था उपवन, सर्दी से सिकुड़े पल्लव सब ,
अंगड़ाई लेकर उठ बैठे, गहन नींद से जागे, तरू अब,
पौधों की वीरानी भागी, नव अंकुर प्रस्फुटित हुए तब।

हरियाली हँस उठी प्रकृति में, सूर्य रश्मियाँ हुईं प्रखर,
झूम झूम लहराई सरसों, पुष्प गुच्छ हो उठे प्रवर,
गेहूं की बाली इठलाईं, गूंज उठे कलरव के स्वर,
कलियों पर छाई मदहोशी, मंडराते चहुँओर भ्रमर ।

बगिया में तितली मँडराईं, बहीं सुगन्धित मदिर हवाएँ ,
पुलकित हो गूंजे कलरव स्वर, पंछीगण की मधुर कलाएँ,
रंग- बिरंगे पुष्प खिले हैं, आओ हम ह्रत- कमल खिलाएँ,
तन मन हर्षित करके हम अब, दूर करें सब बुरी बलाएँ ।

मादक धुन चहुँओर बजी है, कान्हा के गोकुल में प्यारी,
होली की पद चाप हवा में, हर जन पर इक नशा है तारी ,
राधा ने की सब सखियों संग, पिया को रंगने की तैयारी ,
लो नन्दलाल बजाएँ बंसी, फिर झट से मारी पिचकारी ।

साड़ी भीगी, चोली भीगी, भीग रही है राधा सारी ,
मन्द मन्द मुस्काए लेकिन, थोड़ा और रंगो गिरधारी,
मैं तो बस अब हुई तुम्हारी, मेरा सब कुछ तुम पर वारी,
करें ठिठोली चितवन से प्रभु, कृष्णा अब है तेरी बारी ।

होली का यह पर्व अनूठा , छलकाए हर घट से पानी ,
तन मन रंग गए इक उछाह से, मधुरस घोल रही है बानी,
सखा - सखी संग खेलें होली, तृषित रहे ना कोई प्राणी,
बैर त्याग सब गले मिलें, माहौल बना एकदम रोमानी ।

15. दरख़्त

कटता है हर दरख़्त तो यह सोच कर,
कि कुछ जगह रहने को और मिल जाएगी,
यह नहीं सोचा मगर इन्सान ने,
फिर साँस अपना ठौर कैसे पाएगी।

बढ़ता जाता आदमी दर आदमी,
चढ़ता जाता आदमी पर आदमी,
जब तलक ज़िन्दा हैं तब तक ठीक है,
लाश भी क्या लाश पर चढ़ पाएगी।

हाथ को जब हाथ ढूँढे और न पाए,
आँख ढूँढे ओट पर ढूँढे न पाए,
दायरों में बंट गया जब प्यार ही,
इन्सानियत करवट कहाँ ले पाएगी।

हम परेशां हैं परेशां लोग हैं,
भोर के संग साँझ के भी सोग हैं,
काट देने को ही ग़र कहते हैं जीना
ज़िन्दगी हमसे न काटी जाएगी।

हैं काँपते आँधी से पत्तों के बदन,
ग़र शाख़ हो मज़बूत ना उजड़े चमन,
रात की कालिख बहुत गहरी है माना,
कल सुबह नई रौशनी ले आएगी ।

16. तेरी रहमत

रहमतों की दुनिया, है तेरी यह निराली,
जिस पर है तेरा साया, जन्नत उसी ने पा ली ।

कितनी तरह के प्राणी, तूने यहाँ बनाए,
कोई दुःखी बहुत तो, कोई ख़ुशी मनाए,
कोई अपनी शान गाए, कोई दुखड़ा सुनाए,
कोई दुख में पूरा डूबे, कोई गीत गुनगुनाए,
कहीं रात चाँदनी सी, कहीं घोर है ये काली,
रहमतों की दुनिया, है तेरी यह निराली ।

लक्ष्मी किसी पे रीझे, कोई मुहताज दो रुपये का,
कोई मधुर भाव रखता, कोई हर समय लड़ाका,
कोई बेतुका औ फूहड़, कोई पारखी कला का,
कोई कुलनाम डुबोता, कोई ऊँची करे पताका,
किसी पे मेहरबाँ तू , है झोली किसी की ख़ाली
रहमतों की दुनिया, है तेरी यह निराली।

क्यों एक सम सभी ना, क्यों हर कोई जुदा है,
कोई मानता प्रभु को, कोई मानता ख़ुदा है,
है आस्था एक शक्ति में, चाहें वो अलहदा है,

सारा महत्व कर्म का है, उसकी ही यह सदा है,
दुख सुख सभी के होते, विश्वास की है प्याली,
रहमतों की दुनिया, है तेरी यह निराली ।

ग़लत सही समझ सकूँ, इतनी तो समझ देना,
ग़लत राह पर पड़ें जो कदम, पड़ते ही रोक लेना,
मुश्किल में हारूँ नहीं, ऐसी हिम्मत भर देना,
कमज़ोर जो पड़ूँ कभी, हाथ मेरा थाम लेना,
तुम पर भरोसा पक्का, जैसे अरुणोदय में लाली,
रहमतों की दुनिया, है तेरी यह निराली।

17. अन्तर्मन

क्या कहता है **अन्तर्मन**, तुम सुनो ज़रा ,
जब झिझको, तब दो पल को, तुम थमो ज़रा ,
दुनिया के इस झंझावत से, घबरा कर ,
नहीं समर्पण करना है, तुम रूको ज़रा ।

यह जग , यह जीवन तो बहते जाना है,
जीवन की इस धारा के संग, बहो ज़रा ,
दिल-दिमाग के बीच, अगर ठन जाती है,
सुनकर दिल की बात, जहाँ से कहो ज़रा।

जब जन्मे हैं जग में, साथ चुनौती हैं,
इन चुनौतियों के संग, तुम फिर, लड़ो ज़रा
ना घबराओ, छोटी छोटी, बातों से
समुचित पथ पर हिम्मत से तुम बढ़ो ज़रा।

एक नहीं , अनेक अवसर, आएँगे
तब सही- ग़लत में सही रास्ता चुनो ज़रा,
ज़्यादा से ही राह ख़ुशी की नहीं मिलेगी,
सौ बातों की एक बात , यह गुनो ज़रा।

यह जीवन अनमोल, दुबारा नहीं मिलेगा,
सत्कर्मों की माला पहने , बढ़ो ज़रा,
सच्ची ख़ुशियों का अनुपम उपहार लिए,
मंज़िल के सोपानों पर तुम , चढ़ो ज़रा ।।

18. ग़र जीवन जीना है तुमको

ग़र जीवन जीना है तुमको,
तो बचपन को क़ायम रखना,
खुल कर हँसना, खुल कर रोना,
अल्हड़ पन को क़ायम रखना ।

एक खुली किताब सी रहना तुम,
चेहरे पर चेहरा मत रखना ,
अपने जज़्बातों से छिप कर ,
रहने की कोशिश मत करना ।

निर्दोष हंसी क़ायम रखना ,
इसमें कंजूसी मत करना,
ख़ुश रहने की वजह हमेशा हो,
ऐसी नादानी मत करना ।

जो दिखे कोई मायूसी में,
उसकी मायूसी हर लेना ,
पेशानी पर गर पड़े हों बल,
उनको घर मत करने देना ।

बेबाक़ रहो , बेबाक़ जिओ,
ज़्यादा की चाहत मत करना,
बस थोड़े पाँव पसारो तुम,
चादर को फटने मत देना ।।

19. मेरे अपनों के लिए, माँगती हूँ प्रभु,

मेरे अपनों के लिए, माँगती हूँ प्रभु,
शांति जीवन में हो, मन में ख़ुशियाँ भरो,
कर सकें वे सदा, कार्य रुचिकर जो हों,
कर्म उत्कृष्ट उनके, सभी तुम करो।
प्यार से हो भरा ,ऐसा जीवन मिले,
प्यार सबको करें, ऐसी कूवत भरो,
इनसानियत से भरा हर कदम हो सदा,
हर कदम हो सधा, ऐसा जज़्बा भरो।

दीन दुखियों के वे बनें सारथी,
कष्ट कम कर सकें, जितना उनसे बने,
उनके अपने भी दुःख तो होंगे बहुत,
हे कन्हैया जी, वे सारे, तुम ही हरो ।

मन में आशा का संचार होए सदा,
सकारात्मकता ही उनकी साथी रहे,
नकारात्मकता न आने पाए कभी,
उनमें हिम्मत भरो, उनमें साहस धरो ।

हे ईश्वर, कृपालु , दयालु हो तुम,
आस्था, कम न होने पाए कभी,
सन्मार्ग के सोपान चढ़ते रहें,
ऐसी भक्ति भरो, ऐसी शक्ति भरो।
मेरे अपनों के लिए, माँगती हूँ प्रभु,
शांति जीवन में हो, मन में ख़ुशियाँ भरो।

20. अम्बर पर हो प्रेम की चादर

मन भीगा सा रहता है, गर दोस्ती की सौग़ात मिले,
पुलकित सा रहता है दिल, गर सेहत अपने साथ चले,
ईश्वर पर विश्वास रहे और उनका आशीर्वाद रहे,
अम्बर पर हो प्रेम की चादर, संग तारों की बारात चले ।

आशा का दीपक जलता हो, नयनों में सपना पलता हो,
दुखियों के प्रति प्रेम भाव हो, वाणी में मधुरस घुलता हो,
कितना अनुपम जीवन हो गर, सन्तुष्टि की बहार रहे,
ईश्वर पर विश्वास रहे और उनका आशीर्वाद रहे,
अम्बर पर हो प्रेम की चादर, संग तारों की बारात चले ।

वैमनस्य का नाम न हो, ना मन में ईर्ष्या भाव पले ,
दूजी ख़ुशियाँ भी ख़ुश कर दें, यूँ ख़ुशियों का व्यापार चले
सबको संग लेकर जीने की , कला जो सबको आ जाए,
समभाव जगे , सब प्रगति करें, सौजन्यपूर्ण संसार रहे,
ईश्वर पर विश्वास रहे और उनका आशीर्वाद रहे,
अम्बर पर हो प्रेम की चादर, संग तारों की बारात चले ।

21. हरसिंगार, आज भी झरते हैं

नाम तुम्हारा आते ही, लब आज भी मुस्कुराते हैं,
मन में सिहरन सी होती है, ज्यूँ पंछी चहचहाते हैं
दिल के एक कोने में छिपे, कुछ भाव कसमसाते हैं,
हालाँकि हौले से हंसते हैं, पर गाल तमतमा जाते हैं ।

आज भी वह पहले सी मिठास, मन में घुल जाती है ,
तुम्हारी आँखों की चाहत, मेरी आँखों में उतर आती है,
इस प्यार भरे साथ की तमन्ना, ईश्वर से करी जाती है,
कान्हा जी से यही प्रार्थना ज़ुबां, बार बार दोहराती है ।

हम साथ साथ चले थे, इन प्यार भरी राहों पर,
कभी लगाम नहीं कसी , इक दूजे की चाहों पर,
तन -मन रहा समर्पित, विश्वास किया बाँहों पर,
कोई और नहीं चढ़ सका फिर, अपनी निगाहों पर।

हम चाहत इस साथ की, आज भी करते हैं,
हमारे दिलों में हरसिंगार, आज भी झरते हैं,
यूँ ही हम साथ-साथ चलें अन्तिम पड़ाव तक,
ईश्वर से दुआ हम तो अब, बस यही करते हैं।

www.ingramcontent.com/pod-product-compliance
Lightning Source LLC
Chambersburg PA
CBHW070650240926
51846CB00003BA/861
* 9 7 8 9 3 7 5 1 0 3 1 9 6 *